顾问委员会

主　任：韩启德

委　员：刘嘉麒　周忠和　王志庚　梁　红　刘　丽

编委会

主　任：徐延豪

副主任：张　藜　郭　哲　任福君

委　员：（按姓氏笔画排序）

　　　　田如森　吕春朝　吕瑞花　刘　晓　孙玉虎

　　　　李玉海　李清霞　杨志宏　杨利伟　辛业芸

　　　　张佳静　罗兴波　周大亚　孟令耘　姜玉平

　　　　袁　海　高文静　韩家懋　黎润红

致谢

感谢吕春朝研究员（吴征镒秘书）为本书审稿，感谢吴征镒基金会为本书提供大量参考资料。

"共和国脊梁"科学家绘本丛书

植物的好朋友

吴征镒的故事

张藜 任福君 主编

高晓玲 王慧斌 著 梁惠然 绘

北京出版集团
北京出版社

前 言

回首近代的中国，积贫积弱，战火不断，民生凋敝。今天的中国，繁荣昌盛，国泰民安，欣欣向荣。当我们在享受如今的太平盛世时，不应忘记那些曾为祖国奉献了毕生心血的中国科学家。他们对民族复兴的使命担当、对科技创新的执着追求，标刻了民族精神的时代高度，书写了科学精神的永恒意义。他们爱国报国、敬业奉献、无私无畏、追求真理、不怕失败，为祖国科学事业的繁荣昌盛，默默地、无私地奉献着，是当之无愧的共和国脊梁，应被我们铭记。

孩子是祖国的未来，更是新时代的接班人。今天，我们更应为孩子们多树立优秀榜样，中国科学家就是其中之一。向孩子们讲述中国科学家的故事，弘扬其百折不挠、勇于创新的精神，是我们打造"'共和国脊梁'科学家绘本丛书"的初衷，也是对中国科学家的致敬。

丛书依托于"老科学家学术成长资料采集工程"（以下简称"采集工程"）。这项规模宏大的工程启动于2010年，由中国科协联合中组部、教育部、科技部、工信部、财政部、原文化部、中国科学院、中国工程院等11个单位实施，目前已采集了500多位中国科学家的学术成长资料，积累了一大批实物和研究成果，被誉为"共和国科技史的活档案"。"采集工程"在社会上产生了广泛影响，但成果受众多为中学生及成人。

为了丰富"采集工程"成果的展现形式，并为年龄更小的孩子们提供优质的精神食粮，"采集工程"学术团队与北京出版集团共同策划了本套丛书。丛书由多位中国科学院院士、科学家家属、科学史研究者、绘本研究者等组成顾问委员会、编委会和审稿专家团队，共同为图书质量把关。丛书主要由"采集工程"学术团队的学者担任文字作者，并由新锐青年插画师绘图。2017年9月启动"'共和国脊梁'科学家绘本丛书"创作工程，精心打磨，倾注了多方人员的大量心血。

丛书通过绘本这种生动有趣的形式，向孩子们展示中国科学家的风采。根据"采集工程"积累的大量资料，如照片、手稿、音视频、研究报告等，我们在尊重科学史实的基础上，用简单易懂的文字、精美的绘画，讲述中国科学家的探索故事。每一本都有其特色，极具原创性。

丛书出版后，获得科学家家属、科学史研究者、绘本研究者等专业人士的高度认可，得到社会各界的高度好评，并获得多个奖项。

丛书选取了不同领域的多位中国科学家。他们是中国科学家的典型代表，对中国现代科学发展贡献巨大，他们的故事应当广泛流传。

"'共和国脊梁'科学家绘本丛书"的出版对"采集工程"而言，是一次大胆而有益的尝试。如何用更好的方式讲述中国科学家故事、弘扬科学家精神，是我们一直在思考的问题。希望孩子们能从书中汲取些许养分，也希望家长、老师们能多向孩子们讲述科学家故事，传递科学家精神。

"'共和国脊梁'科学家绘本丛书"编委会

致读者朋友

亲爱的读者朋友，很高兴你能翻开这套讲述中国科学家故事的绘本丛书。这些科学家为中国科学事业的繁荣昌盛做出了巨大贡献，是我们所有人的榜样，更是我们人生的指路明灯。

讲述科学家的故事并不容易，尤其是涉及专业词汇，这会使故事读起来有一些难度。在阅读过程中，我们有以下3点建议希望能为你提供帮助：

1.为了让阅读过程更顺畅，我们对一些比较难懂的词汇进行了说明，可以按照注释序号翻至"词汇园地"查看。如果有些词汇仍然不好理解，小朋友可以向大朋友请教。

2.在正文后附有科学家小传和年谱，以帮助你更好地认识每一位科学家，了解其个人经历与科学贡献，还可以把它们当作线索，进一步查找更多相关资料。

3.每本书的封底附有两个二维码。一个二维码是绘本的音频故事，扫码即可收听有声故事；另一个二维码是中国科学家博物馆的链接。中国科学家博物馆是专门以科学家为主题的博物馆，收藏着大量中国科学家的相关资料，希望这些丰富的资料能拓宽你的视野，让你感受到中国科学家的风采。

世界上有许多许多的植物：有的植物很漂亮，装扮着我们的世界，
有的植物很可口，能做成美味佳肴，
还有的植物含有特殊成分，可以用来制成药品……

虽然植物常伴我们左右,但在很多人眼里,
植物没有喜怒哀乐,所以常常忽略它们。
可有一个叫吴征镒的人,
却把植物当成了一辈子的好朋友。

吴征镒从小就喜欢待在园子里观察花草树木。
园子里的每一朵花、每一片叶、每一颗果，
在他眼里都很神奇。
特别是一上午时间就能长得比他还高的竹笋，总能让他看入迷。

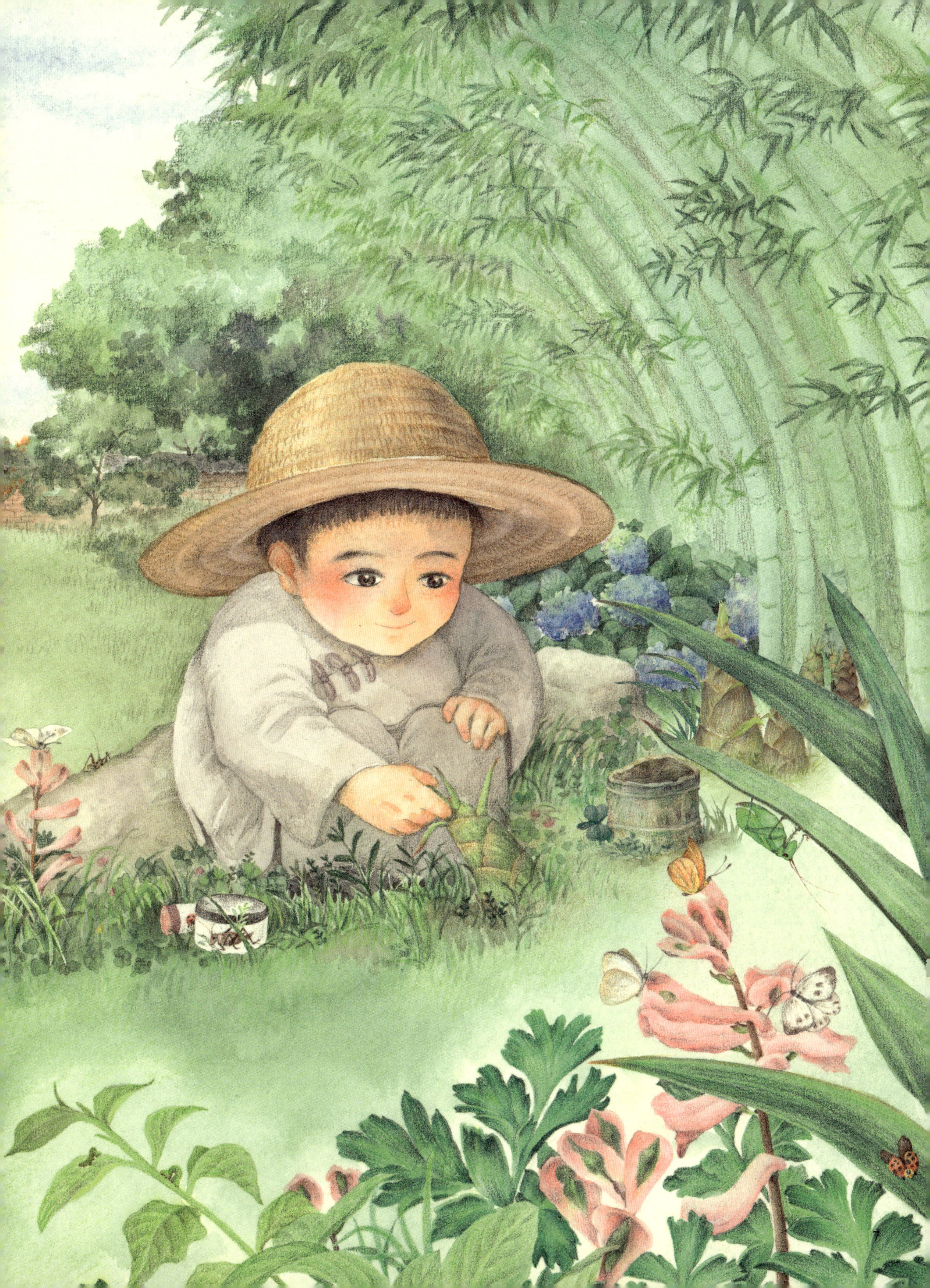

在园子里玩累了，吴征镒就去父亲的书房看书。
他最喜欢看和植物相关的书。
通过这些书，吴征镒认识了几十种植物，
这些植物朋友就是他最亲密的玩伴。

9

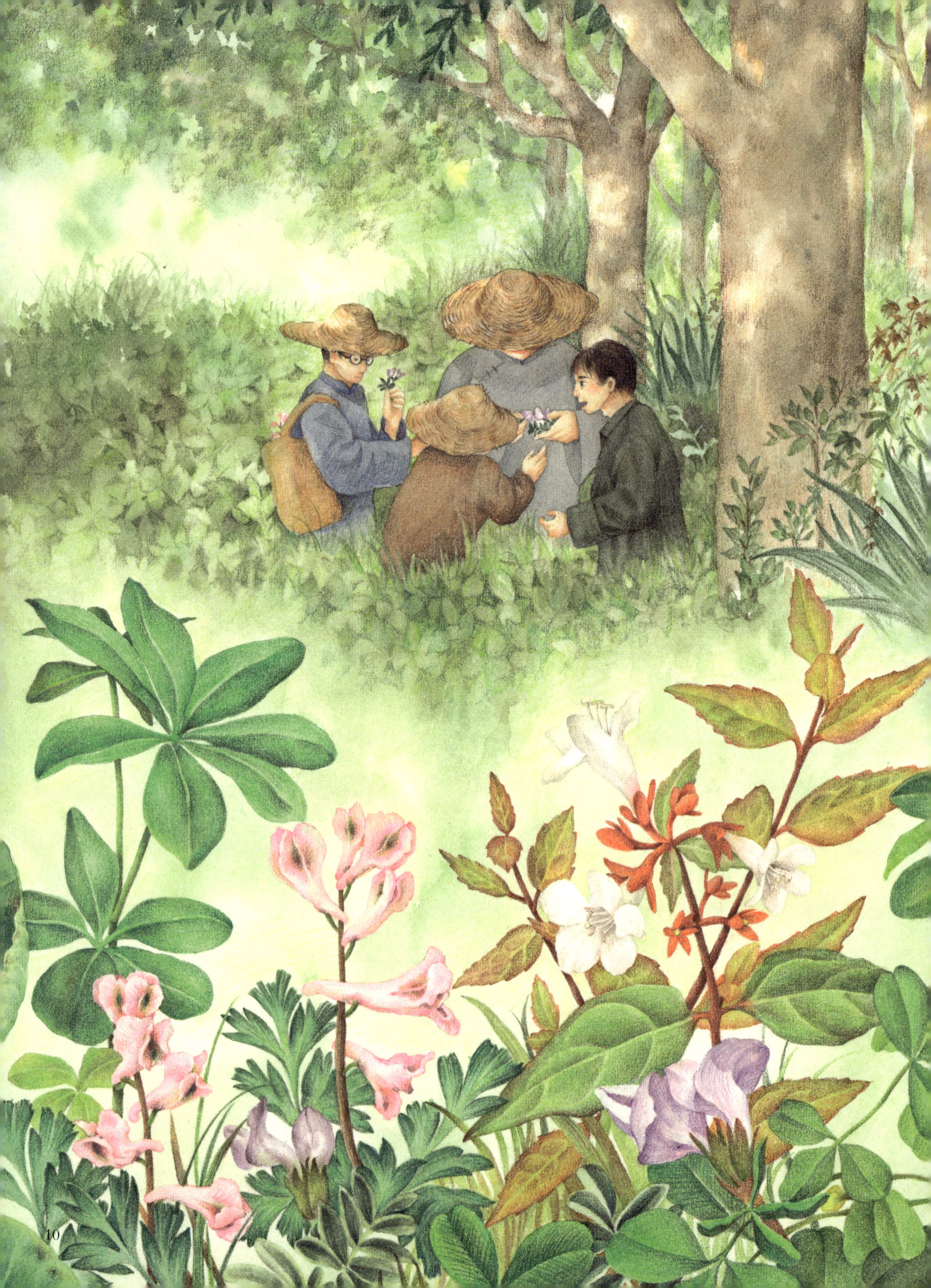

上初中后，
吴征镒跟着老师去野外认识了更多的植物朋友，
还学会了制作标本①、解剖花果。
高一那年，在老师的鼓励下，
他还办了一场有上百件植物标本的展览，
让同学们惊叹不已。

他太喜欢植物啦!
为了能更好地了解它们,
吴征镒考入了清华大学生物系。
仿佛一下子推开了植物世界的大门,
吴征镒像海绵吸水一样,
不断吸收着植物学②知识。

生物学館

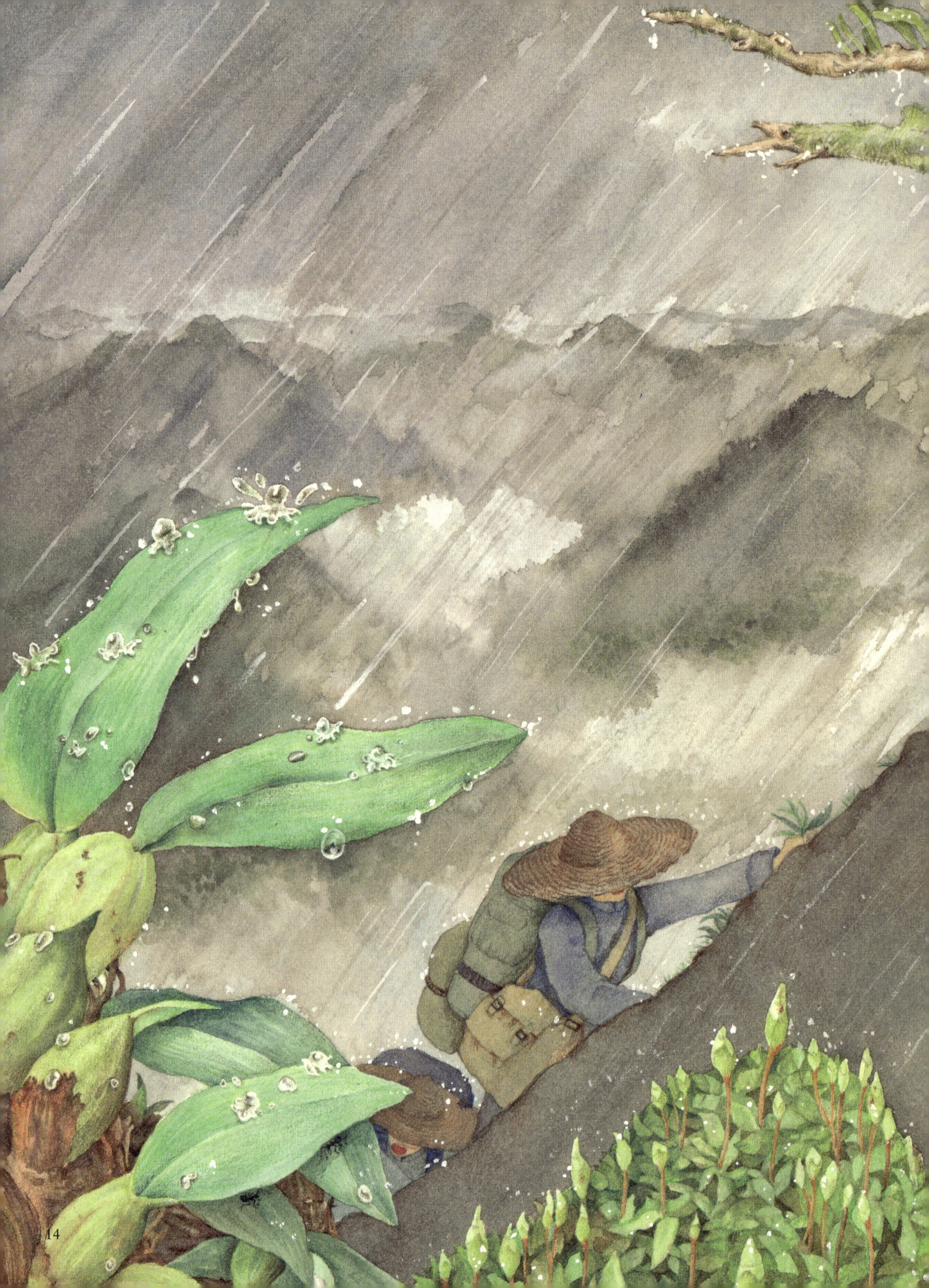

大学毕业后,
吴征镒成了一名专门研究植物的大学老师,
他和植物朋友的关系就更亲密了。
但那个年代,中国正遭遇战争,动荡不安。
为躲避战乱,吴征镒和师生们历时 68 天,
翻山越岭来到昆明。
一路上,他见到了很多陌生的植物,
令他大开眼界。

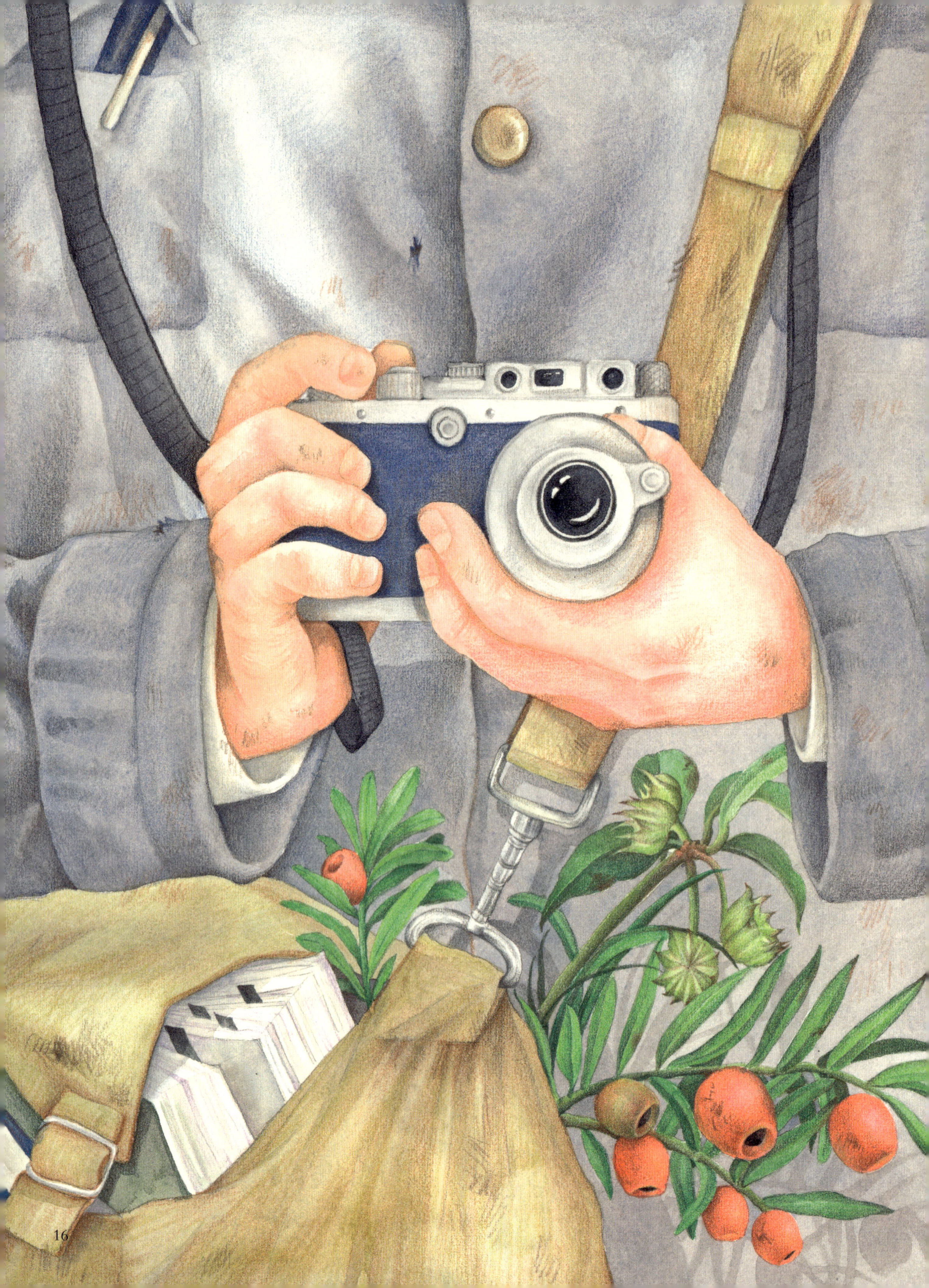

和植物交朋友虽然辛苦,
但是乐趣无穷!
无论走到哪里,
吴征镒都随身带着笔记本和照相机,
这可是他和植物交朋友的必备工具。
有了它们,
吴征镒就能准确地记录植物的特征和生长环境。

在野外考察时，吴征镒不看天，不看山，不看景，
就喜欢观察植物。
因为常常忘记看路，所以经常摔倒，
大家送给他一个有趣的外号——摔跤大王。
可吴征镒一点也不在意，
反而会利用摔倒在地的机会，仔细观察平时注意不到的植物，
有时还有意外的收获和惊喜。

19

云南号称"植物王国",植物种类繁多,
这可给了吴征镒结交新朋友的大好机会。
金铁锁[3]这种中国特有的植物,
就是他和老师在云南共同发现的。
他还用10年时间,整理出了近3万张植物卡片,
这些卡片后来成了人们认识中国植物的宝贵资料。

21

弄明白云南的植物还满足不了吴征镒的心愿，
他还想和世界各地的植物交朋友呢！
他说，既然植物朋友不会走路，
我们就要不怕辛苦。
为此，他走过了万水千山，
他的植物朋友也遍布天南海北。

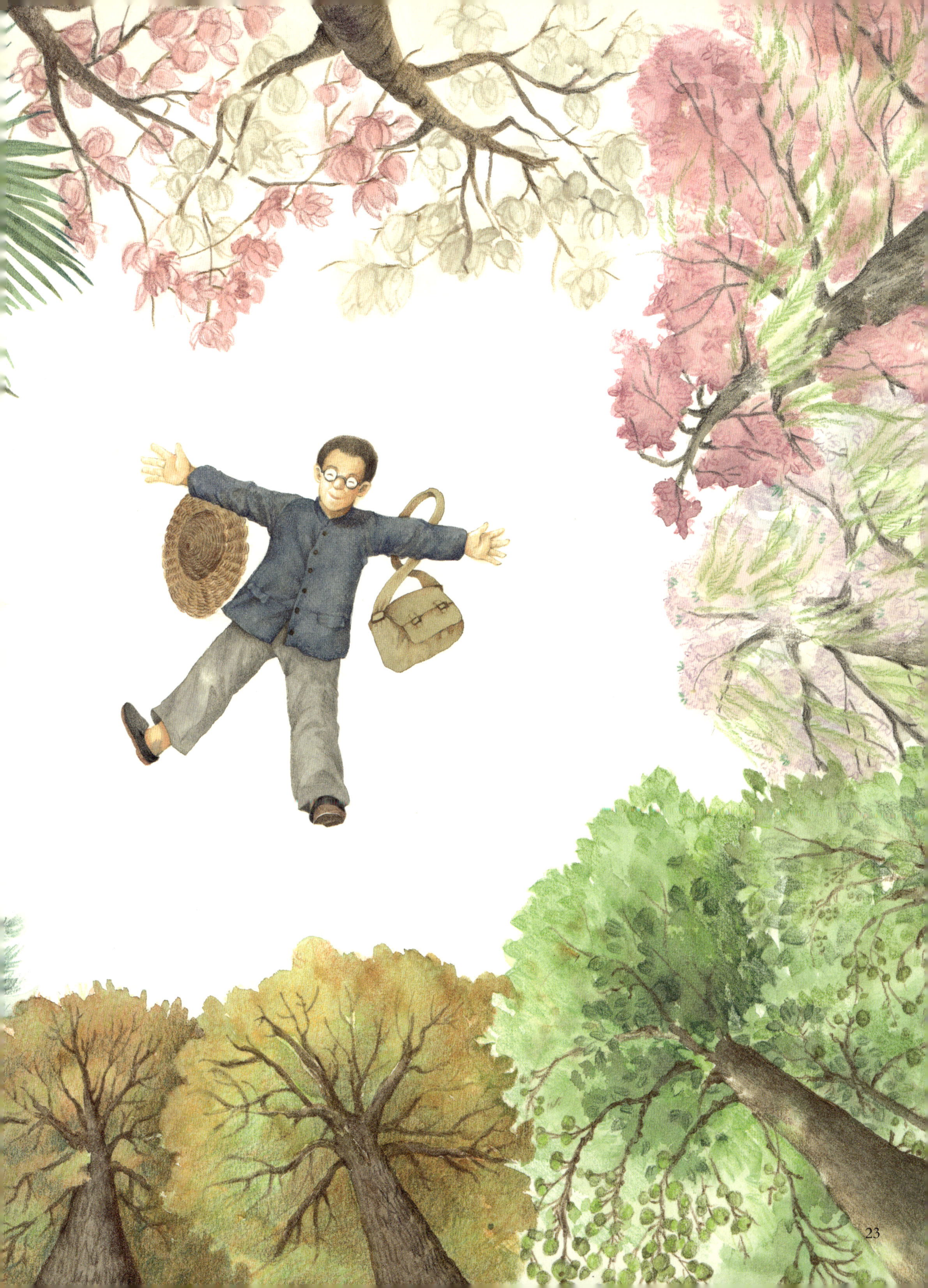

24

对植物朋友的了解越多,
吴征镒就越发意识到,
它们的种类正在减少,
他想要拯救这些将要消失的朋友们!
但吴征镒做的可不只是给植物浇浇水、施施肥,
而是要和其他科学家一起,
把植物的种子都收集起来,
建立生物种质资源库④。
如果哪天某种植物灭绝了,
因为有种子,就有机会让它复活。

最重要的是，为了让更多的人能够认识植物，
吴征镒和其他植物学家们一起，前后花了45年的时间，
完成了一套5000多万字的《中国植物志》⑤，
它就像中国植物的户口簿，
记载了中国纷繁多样的花草树木。
它的编写历程就像唐僧西天取经一样，经历了很多困难，
但植物学家们都乐在其中。

27

为了向吴征镒致敬,
人们以他的名字为多种植物命名,
有"征镒麻属""征镒木属""征镒卫矛""征镒荆芥"……
在天空中,
还有一颗小行星被命名为"吴征镒星"。
2008年,吴征镒获得了国家最高科学技术奖,
他却说:功劳是集体的,
我愿做垫脚石,让后人继续攀登高峰。

征镒麻属

征镒木属 征镒卫矛

老年时的吴征镒，

很喜欢教小朋友认识各种植物。

这常常让他想起小时候结交植物朋友的经历。

有一天晚上，吴征镒在睡梦中回到了童年时生活的园子。

他看见一群小朋友正在玩耍，他笑着走过去，

随手捡起一片叶子，仔细端详起来。

好奇的小朋友们跑过来，围着他，

听他讲述和植物朋友的精彩故事……

31

吴征镒小传

我们每天都能看到各种各样的植物。有些植物很常见，我们能直接叫出名字。但有更多的植物，只有专门研究它们的植物学家才认识。还有一些植物，由于生长环境等原因，还有待植物学家们去发现和命名。著名植物学家吴征镒，就是帮助我们不断认识植物、利用植物的大科学家。

吴征镒成长于一个动荡的年代。不过幸运的是，因为植物朋友的陪伴，吴征镒有了许多美好的童年记忆。年幼时，吴征镒喜欢在宅中的园子里观察花草树木，再对照着父亲书房里的《植物名实图考》[6]来辨认植物，这是他童年时期印象最深的记忆。

浓厚的兴趣、刻苦的学习，再加上中学老师不断的鼓励，使得吴征镒对植物的兴趣变为志向，并以优异成绩考入清华大学生物系。在清华大学，吴征镒接受了系统的学术训练。毕业时，吴征镒留校成为一名助教。就在吴征镒的植物学研究正式起步时，抗日战争全面爆发。为躲避战乱，他随学校一路南下到长沙，并参加湘黔滇旅行团[7]，一路跋涉，来到位于昆明的西南联合大学。即使在如此艰难的过程中，他仍坚持观察和采集植物，这段经历既锻炼了吴征镒的意志，也让他感受到了华中地区、西南地区植物的多样性。而云南丰富多彩的植物，更是让年仅22岁的吴征镒立下了一定要弄清中国植物家族的远大理想。

为了更好地研究植物，吴征镒付出了艰辛的努力。他用10年时间做出近3万张植物卡片，也无数次地翻山越岭、跋山涉水进行野外考察，在海南岛、横断山脉、青藏高原、天山、神农架等地都留下了足迹。吴征镒的这些付出，为他在植物分类学[8]、植物区系地理学[9]上的成就打下了坚实的基础。他发表和参与发表的植物新分类群有1766个，与其他科学家共同提出了被子植物[10]"多系－多期－多域"的起源理论和"被子植物八纲系统[11]"的分类体系，并提出东亚应成为独立的植物区"东亚植物区"，奠定了中国植物区系地理学派的理论基础。特别是他全程参与并担任最后一任主编的《中国植物志》，大大提高了中国植物学者的国际学术地位。吴征镒用扎实的工作，一步步地推动着植物学研究的进步。

作为一名植物学家，吴征镒在研究植物的同时，还不断地推动着对植物多样性的保护工作。过去几十年，我们在开发自然的同时，严重地破坏了我们赖以生存的自然环境。实际上，吴征镒早在20世纪50年代就提出了在云南设立自然保护区的建议，后来还推动了中国西南野生生物种质资源库的建立。他所倡导的这种人与自然和谐共存的发展模式，也是我们这个时代特别需要的。

如果小朋友们对植物感兴趣，可以像吴征镒一样，从现在开始就认真留意身边的植物，你一定会发现这些植物朋友是多么有趣。

吴征镒年谱

1 1916年
出生于江西省九江市。

2 1922—1928年（6～12岁）
随母亲学识字，后进家塾学习。闲暇时，根据《植物名实图考》等书，识别宅中的植物。

3 1929年（13岁）
考入江苏省江都县县立中学读初中。

4 1931年（15岁）
考入江苏省立扬州中学读高中。

5 1933年（17岁）
高中毕业，考入清华大学生物系。

6 1937年（21岁）
大学毕业后任清华大学生物系助教。

7 1938年（22岁）
参加湘黔滇旅行团，由长沙步行到昆明；任西南联合大学生物系助教。

8 1940年（24岁）
考取西南联合大学研究生。

9 1942年（26岁）
转任西南联合大学生物系讲师。

10 1949年（33岁）
任北京市军事管制委员会高等教育处副处长，后调入中国科学院工作。

11 1950年（34岁）
任中国科学院植物分类研究所研究员兼副所长。

12 1953年（37岁）
考察海南、广东、云南的橡胶栽培情况。

13 1955年（39岁）
被选聘为中国科学院生物学部学部委员（院士）。

15 1959年（43岁）
参加《中国植物志》第一次编委会。

17 1975—1976年（59～60岁）
两赴青藏高原进行科学考察。

19 1995年（79岁）
获何梁何利基金科学与技术进步奖。

21 2003年（87岁）
获何梁何利基金科学与技术成就奖。

23 2011年（95岁）
国际小行星中心将第175718号小行星永久命名为"吴征镒星"。

14 1958年（42岁）
调到中国科学院昆明植物研究所任所长。

16 1964年（48岁）
在北京科学讨论会上宣读《中国植物区系的热带亲缘》论文。

18 1978年（62岁）
当选为中国植物学会副理事长。

20 1999年（83岁）
建议建立中国西南野生生物种质资源库，获得批准；获得日本花卉绿地博览会纪念协会授予的考斯莫斯国际奖。

22 2008年（92岁）
获2007年度国家最高科学技术奖。

24 2013年（97岁）
因病逝世于云南省昆明市。

词汇园地

① **标本**：保持实物原样或经过加工整理，供教学、研究用的动物、植物、矿物等的样品。

② **植物学**：生物学的一个分支，研究植物的构造、生长和生活机能的规律，植物的分类、进化、传播以及植物与外界环境之间的关系，植物资源的保护与合理开发利用等。

③ **金铁锁**：中国特有的多年生草本植物，分布在云南、四川等地，根可入药。

④ **生物种质资源库**：利用仪器设备控制贮藏环境，长期贮存生物种质的仓库。其中，种质资源也称遗传资源，是一切具有一定种质或基因的生物类型的总称。

⑤ **《中国植物志》**：共计 80 卷 126 册 5000 多万字的巨著，记载了我国 301 科 3408 属 31142 种植物的科学名称、形态特征、生态环境、地理分布、经济用途等。

⑥ **《植物名实图考》**：清代吴其濬编撰的 38 卷著作，1848 年初刊。共载植物 1714 种，附图 1805 幅。

⑦ **湘黔滇旅行团**：1938 年，因抗日战争局势恶化，由北京大学、清华大学、南开大学联合组成的长沙临时大学迁至昆明，并更名为西南联合大学。在西迁过程中，由 300 多名师生组成湘黔滇旅行团，横穿湖南（湘）、贵州（黔）、云南（滇），历时 68 天到达昆明。

⑧ **植物分类学**：研究植物种类的鉴定和命名、植物类群的分类、植物间的亲缘关系，以及植物界的自然系统的学科。

⑨ **植物区系地理学**：研究全球或某一地区所有植物种类的组成、分布格局及其形成原因的学科。

⑩ **被子植物**：胚珠生在子房里，种子包在果实里，是进化最高级、种类最多、分布最广的植物类群，又称"有花植物"。

⑪ **被子植物八纲系统**：吴征镒等植物学家于 1998 年提出的一种被子植物分类体系，"八纲"分别为木兰纲、樟纲、胡椒纲、石竹纲、百合纲、毛茛纲、金缕梅纲、蔷薇纲。

参考资料：
1. 吴征镒述，吕春朝记录整理．吴征镒自传．北京：科学出版社，2014．
2. 吴征镒．百兼杂感随忆．北京：科学出版社，2008．

图书在版编目（CIP）数据

植物的好朋友：吴征镒的故事 / 张藜，任福君主编；高晓玲，王慧斌著 ；梁惠然绘. — 北京：北京出版社，2023.3
（"共和国脊梁"科学家绘本丛书）
ISBN 978-7-200-15434-4

Ⅰ. ①植… Ⅱ. ①张… ②任… ③高… ④王… ⑤梁… Ⅲ. ①吴征镒（1916-2013）－传记－少儿读物 Ⅳ. ①K826.15-49

中国版本图书馆CIP数据核字(2020)第010514号

选题策划　李清霞　袁　海
项目负责　刘　迁
责任编辑　张文川
装帧设计　张　薇　耿　雯
责任印制　刘文豪
封面设计　黄明科
宣传营销　郑　龙　王　岩　安天训　孙一博
　　　　　郭　慧　马婷婷　胡　俊

"共和国脊梁"科学家绘本丛书

植物的好朋友
吴征镒的故事
ZHIWU DE HAO PENGYOU

张　藜　任福君　主编
高晓玲　王慧斌　著　梁惠然　绘

出　　版：北京出版集团
　　　　　北京出版社
地　　址：北京北二环中路6号
邮　　编：100120
网　　址：www.bph.com.cn
总 发 行：北京出版集团
经　　销：新华书店
印　　刷：北京博海升彩色印刷有限公司
版 印 次：2023年3月第1版　2024年3月第4次印刷
成品尺寸：215毫米×280毫米
印　　张：2.5
字　　数：30千字
书　　号：ISBN 978-7-200-15434-4
定　　价：25.00元

如有印装质量问题，由本社负责调换
质量监督电话：010-58572393
责任编辑电话：010-58572511
团 购 热 线：17701385675
　　　　　　18610320208

声明：为了较为真实地展现科学家生活的时代特征，部分页面有繁体字，特此说明。

从南开中学毕业后，几经周折，刘东生来到昆明，
进入西南联合大学继续学习。
他选择了地质学专业，他常说：
"只有了解祖国的山河，才谈得上热爱祖国。"
读这个专业很辛苦，经常要走进大自然，
翻山越岭，风吹日晒。
但刘东生很高兴，他知道大自然里藏着无数奥秘，
他迫不及待地想去了解它们。